AF206400

Hans-Peter Oswald:

Warum Sie eine com-Domain für Ihre internationale Webseite verwenden sollten

Inhaltsverzeichnis

Inhaltsverzeichnis   3
Vorwort   4
Kapitel 1: Geschichte von .com   5
Kapitel 2: Einführung in com-Domains   7
Kapitel 3: Warum com-Domains wichtig sind   10
Kapitel 4: com-Domain auf S.1 von Google.com   14
Kapitel 5: Keine Regel ohne Ausnahme   18
Kapitel 6: Gründe für die Wahl einer com-Domain   20
Kapitel 7: So wählst Du die richtige com-Domain   25
Kapitel 8: Wie man eine com-Domain registriert   33
Kapitel 9: Best Practices für com-Domains   37
Kapitel 10: Herausforderungen im Zusammenhang mit com-
Domains   41
Kapitel 11: com-Domains und Sicherheit   45
Kapitel 12: Monitoring und Backorder von com-Domains   52
Kapitel 13: Handel mit com-Domains   55
Kapitel 14: IDN bei .com   60
Kapitel 15: Com-Domain und Suchmaschinenoptimierung (SEO)   66
Kapitel 16: Zukunft von com-Domains   69
Impressum   72

Vorwort

Google ist noch immer der Platzhirsch unter den Suchmaschinen. Es gibt keinen Erfolg mit einer Webseite ohne Google.

Google.com ist ein Hybrid. Einerseits ist Google.com die Suchmaschine der USA, andererseits die Suchmaschine der Welt.

Ihre De-Domain bildet den Anker für den Erfolg in Google.de. Sie müssen eine Webseite mit com-Domain besitzen und pflegen, wenn ihre Zielgruppe international ist und Sie daher in Google.com mit einem gutem Ranking vertreten sein wollen.

Google listet nicht mehr in den Suchergebnissen eine Domain mit zahlreichen Subdomains.

Für Nutzer, insbesondere Firmen, lohnt es sich daher mehr als je zuvor, nicht nur mit einer Domain, sondern mit mehreren Domains im Netz vertreten zu sein. Mit mehreren Domains steigt die Chance von Google mit Webseiten in den Suchmaschinen-Ergebnissen gut gelistet zu werden.

Kapitel 1: Geschichte von .com

Das Internet fing militärisch an: als ARPANET. Nur wenige Militärs und Wissenschaftler hatten Zugang zu ihm.

Mit den Domains kam die Verbreitung und Verbreiterung des Internets.

Der Beginn war geradezu symbolisch. Am 15. März 1985 wurde symbolics.com registriert. Im Laufe des Jahres 1985 wuchs die Zahl der registrierten Internet-Domains um 600 % - also auf 6 registrierte com-Domains. 1990 waren es dann schon 223 com-Domains. Im Jahre 1995 existierten bereits 9005 com-Domains. Im Jahre 2000 waren 20 Millionen com-Domains registriert. 30 Jahre nach der Registrierung der ersten Com-Domains sind am 15.März 2015 116 Millionen Com-Domains registriert.

Im September 2012 sind 160 Millionen com-Domains registriert. Ende 2021 hatten die Internet-Nutzer weltweit 341,7 Millionen Domains registriert. Die com-Domain bleibt das stärkste Mitglied der Domainfamilie.

Parallel dazu ist viel passiert: Dienste wie e-mail,ICQ, Skype, visuelle Inhalte wie z.B. auf Youtube, Web 2.0 und vieles Mehr haben das Internet qualitativ und quantitativ verändert. Etwa 3 Milliarden Menschen nutzen das Internet.

Die Com-Domain ist unbestritten die erfolgreichste Domain. Nur zwei Zahlen dazu: Alle Fortune 500-Firmen haben ihre Marke unter .com registriert.

Jim Bedzos, Präsident von der Com-Registrierungsstelle Verisign, feiert sein Produkt:

".Com ist mehr als eine Internetadresse, es ist selbst eine weltweit anerkannte und respektierte Marke".

Link:
http://www.domainregistry.de/com-domains.html

Kapitel 2: Einführung in com-Domains

Com-Domains sind eine der ältesten und bekanntesten Top-Level-Domains (TLDs) im Internet. Die com-Endung steht für "Commercial" und wurde ursprünglich für kommerzielle Unternehmen eingeführt. Die TLD wurde im Jahr 1985 eingeführt und ist seitdem zu einer der beliebtesten und am weitesten verbreiteten TLDs auf der ganzen Welt geworden

Com-Domains wurden ursprünglich für kommerzielle Unternehmen eingeführt. Die Idee dahinter war, Unternehmen eine Möglichkeit zu geben, sich online zu präsentieren und ihre Marken und Produkte zu bewerben. Mit der Zeit hat sich die com-Domain jedoch zu einer allgemeinen TLD entwickelt, die von jedem genutzt werden kann. Es gibt keine spezifischen Regeln oder Einschränkungen für die Nutzung von com-Domains, was sie zu einer der flexibelsten TLDs macht.

Die Beliebtheit von com-Domains ist auf ihre einfache Handhabung zurückzuführen. Die TLD ist leicht zu merken und hat eine hohe Verfügbarkeit, was sie zu einer bevorzugten Wahl für

Unternehmen und Nutzer auf der ganzen Welt macht. Die TLD wird auch von Suchmaschinen bevorzugt, was bedeutet, dass Unternehmen, die com-Domains nutzen, eine höhere Sichtbarkeit in Suchergebnissen erzielen können.

Eine weitere wichtige Eigenschaft von com-Domains ist ihre globale Präsenz. Com-Domains sind weltweit verfügbar und können von Nutzern in jedem Land registriert werden. Dies macht sie zu einer der wichtigsten TLDs für Unternehmen, die eine globale Präsenz haben und ihre Produkte und Dienstleistungen weltweit vermarkten möchten.

Die Registrierung einer com-Domain ist einfach und unkompliziert. Nutzer können ihre gewünschte Domain bei einem Registrar wie www.domainregistry.de registrieren.

Die Registrierungsgebühren variieren je nach Registrar und Domain-Name, sind jedoch in der Regel erschwinglich. Sobald die Registrierung abgeschlossen ist, gehört die com-Domain dem Nutzer und er kann sie für seine Website nutzen.

Es gibt jedoch einige Einschränkungen im Zusammenhang mit com-Domains. Zum Beispiel können Domain-Namen nur aus Buchstaben, Zahlen, Bindestrichen und einer Reihe von bestimmten Sonderzeichen bestehen. Die Länge des Domain-Namens ist auf 63 Zeichen beschränkt

Insgesamt ist die com-Domain nicht nur eine der wichtigsten TLDs im Internet – sie ist die wichtigste überhaupt. Sie bietet Unternehmen und Nutzern eine globale Präsenz und ist einfach zu handhaben und zu merken.

Die Registrierung einer com-Domain ist einfach und unkompliziert, und es gibt keine Einschränkungen in Bezug auf die Nutzung. Com-Domains sind auch bei Suchmaschinen beliebt und können Unternehmen helfen, ihre Online-Sichtbarkeit zu verbessern.

Link:
http://www.domainregistry.de/com-domains.html

Kapitel 3: Warum com-Domains wichtig sind

Com-Domains sind seit ihrer Einführung vor mehr als 35 Jahren zu einem wichtigen Bestandteil des Internets geworden. Die Bedeutung von com-Domains lässt sich auf verschiedene Faktoren zurückführen, die in diesem Kapitel genauer erläutert werden.

1. Glaubwürdigkeit und Vertrauen

Com-Domains sind seit langem als eine der vertrauenswürdigsten und glaubwürdigsten TLDs bekannt. Aufgrund ihrer Geschichte und Beliebtheit werden com-Domains oft als Synonym für seriöse und etablierte Unternehmen und Websites betrachtet. Wenn ein Unternehmen eine com-Domain nutzt, signalisiert es dem Nutzer, dass es sich um ein seriöses Unternehmen handelt, das auf eine langfristige Online-Präsenz ausgerichtet ist.

2. Suchmaschinenoptimierung

Com-Domains werden von Suchmaschinen bevorzugt behandelt. Wenn eine Website eine com-Domain nutzt, kann sie eine höhere Sichtbarkeit in Suchmaschinenergebnissen erzielen. Dies liegt daran, dass Suchmaschinen den Wert von com-Domains erkennen und sie oft höher bewerten als andere TLDs. Eine Website mit einer com-Domain hat daher eine höhere Chance, auf den ersten Seiten von Suchmaschinenergebnissen zu erscheinen und somit mehr Besucher anzuziehen.

3. Globale Präsenz

Com-Domains sind weltweit verfügbar und können von Nutzern in jedem Land registriert werden. Dies macht sie zu einer der wichtigsten TLDs für Unternehmen, die eine globale Präsenz haben und ihre Produkte und Dienstleistungen weltweit vermarkten möchten. Eine com-Domain signalisiert auch, dass das Unternehmen oder die Website für ein internationales Publikum gedacht ist.

4. Einfachheit und Merkfähigkeit

Com-Domains sind leicht zu merken und haben eine hohe Verfügbarkeit, was sie zu einer bevorzugten Wahl für Unternehmen und Nutzer auf der ganzen Welt macht. Die TLD ist einfach zu handhaben, was sie ideal für Websites und Unternehmen macht, die sich auf eine langfristige Online-Präsenz ausrichten. Eine leicht zu merkende Domain kann auch dazu beitragen, die Wiedererkennung einer Marke zu verbessern und das Marketing einer Website zu unterstützen.

5. Flexibilität

Com-Domains haben keine spezifischen Regeln oder Einschränkungen in Bezug auf ihre Nutzung. Jeder kann eine com-Domain für jede Art von Website registrieren, sei es eine kommerzielle Website, ein Blog oder eine persönliche Website. Dies macht sie zu einer der flexibelsten TLDs, die für alle Arten von Unternehmen und Nutzern geeignet ist.

Insgesamt sind com-Domains ein wichtiger Bestandteil des Internets und bieten Unternehmen und Nutzern eine Vielzahl von Vorteilen. Sie sind glaubwürdig, vertrauenswürdig und einfach zu merken, was zur Verbesserung der Online-Sichtbarkeit und des Marketings beiträgt. Com-Domains sind auch bei Suchmaschinen beliebt und bieten eine globale Präsenz für Unternehmen,

die sich auf ein internationales Publikum
ausrichten möchten.

Link:
http://www.domainregistry.de/com-domains.html

Kapitel 4: com-Domain auf S.1 von Google.com

Wenn man sich dafür ausspricht, bevorzugt de-domains zu registrieren, scheint man offene Türen einzurennen: Viele Millionen Deutsche haben das getan. Sie haben das aber zumeist eher instinktiv getan: es erscheint doch logisch, in Deutschland ein deutsches Angebot mit der de-domain zu präsentieren.

Es geht bei der Entscheidung für eine de-Domain um etwas Grundsätzliches: Besonders nützlich ist eine Domain, wenn sie auf der ersten Ergebnisseite von Google auftaucht.

Bei vielen Suchbegriffen erscheint auf der ersten Seite von Google.de bei den ersten zehn Nennungen acht Hinweise mit de-domains, zwei mit anderen Domains.

Bei einem Großteil der Suchbegriffe ist die Situation noch drastischer: Auf der ersten Seite erscheinen nur Urls, die auf de-domains beruhen.

Sie können das zum Beispiel an dem Begriff "Bücher" testen. Aber auch wenn Sie ein ausländisches Produkt wie "Champagner" nehmen, erhalten Sie das gleiche Ergebnis: auf der ersten Seite von Google nur Ergebnisse mit de-domains.

Andere internationale Suchmaschinen wie Bing und deutsche Suchmaschinen liefern vergleichbare Ergebnisse.

Die Konsequenz daraus: aus Gründen der Suchmaschinen-Optimierung sollte man bevorzugt de-Domains registrieren, wenn man ein deutsches Publikum erreichen will.

Wenn Sie bei Google.com das Wort „books" eingeben, erhalten Sie unter den 10 Ergebnissen der ersten Seite nur Webseiten mit einer com-Domain.

Wenn Sie unter google.com beispielsweise das Wort "tea" eingeben, kommen auf der ersten Seite insgesamt 7 Nennungen: darunter drei mit com-Domains, zwei mit org-Domains, eine mit einer edu-Domain und eine mit einer gov-Domain.

Das Ergebnis ist nicht so ausgeprägt wie vorhin. Andere Beispiele zeigen, daß man auch mit einer .co.uk-Domain auf Seite 1 von Google.com landen kann.

Google.com ist ein Hybrid. Einerseits ist google.com sozusagen das internationale Angebot für die ganze Welt, andererseits betrachten die Amerikaner die com-domain als ihre Landesdomain, was sie de facto auch ist. Die us-Domain führt im Vergleich zur com-domain ein Nischen-Dasein.

Google hat seine Ergebnisse stärker lokaler gemacht und personifiziert. Es kann sein, daß bei Eingabe von "tea" in Google mit einer amerikanischen IP-Adresse keine co.uk-Domains mehr auftrauchen.

Welche Konsequenzen sind daraus zu ziehen?

Wenn Sie ein deutsches Publikum ansprechen, dann registrieren Sie unbedingt eine de-Domain. Wenn Sie ein internationales Publikum ansprechen wollen und möglicherweise einen

Schwerpunkt auf die USA setzen wollen, ist eine com-domain unerläßlich.

Mit einer com-Domain verbessern Sie Ihre Chancen in Google.com ein gutes Ranking erzielen.

Link:

http://www.domainregistry.de/com-domains.html

Kapitel 5: Keine Regel ohne Ausnahme

Sie haben sich einen festen Kundenstamm vor Ort aufgebaut und Ihr Geschäft wird von Ihren Kunden geschätzt und respektiert. Warum nicht den Sprung wagen und den gleichen Service, den Ihre lokalen Kunden kennen und schätzen, auch online anbieten? Es ist Zeit zu wachsen, sich mit der Welt zu verbinden und über eine Domain überall gefunden zu werden: Ihre neuen Kunden warten nur darauf.

Wenn Ihr Domainnamen unter der De-Domain vergeben ist, ist es klüger - sofern es möglich ist - eine com-Domain zu nehmen, als bei dem Namen Kompromisse zu machen, um krampfhaft einen Domainnamen unter der De-Domain zu registrieren.

Einige der Vorteile, die Sie von einer .com-Webseite erwarten können:

- Erstklassige Sicherheit

- Umfassender Kundendienst

- besseres Ranking bei Google.com

Link:

http://www.domainregistry.de/com-domains.html

Kapitel 6: Gründe für die Wahl einer com-Domain

Die .com-Domain ist der Goldstandard für US-Amerikaner. Google listet auf der ersten Seite der US-Version von Google die meistgesuchten Websites unter .com auf.

Wenn es um die Registrierung einer Domain geht, müssen Sie darüber nachdenken, wie sich dies auf Sie auswirkt. Die com-Domains sind die Besten der Besten, weshalb Sie sich eine davon zulegen sollten, anstatt sich mit etwas anderem zufrieden zu geben.

Es gibt viele Leute, die Ihnen sagen werden, dass .cm und .co und alle anderen Domain-Endungen genauso gut sind, aber sie sind nicht ehrlich zu Ihnen.

Wenn Sie eine Google.com-Suche nach praktisch jedem Thema durchführen, schauen Sie sich an, welche Domains ganz oben stehen. Fast jede einzelne davon ist eine com-Domain. Warum ist das?

Die com-Domain ist eine Top-Level-Domain, die in der Suchmaschinenoptimierung das größte Gewicht hat. SEO ist entscheidend, weil Sie sicherstellen möchten, dass Sie unter all den anderen Websites gesehen werden können, die ähnliche Produkte und Dienstleistungen wie Sie anbieten.

Wenn Ihr Zielmarkt die USA oder die ganze Welt sind, sollten Sie Folgendes bedenken: Wenn Sie eine andere Domain als .com wählen, müssen Sie alle anderen SEO-Bemühungen doppelt so hart arbeiten.

Der einfache Grund dafür ist, dass Sie, wenn Sie keine .com-Domain haben, nicht so viel Gewicht haben. Das bedeutet, dass Sie mehr Backlinks, mehr positive Stimmung und mehr von allem anderen brauchen, was sehr teuer werden kann.

Die com-Domains sind nicht teuer. Viele Unternehmen werden Ihnen glauben machen, dass Sie so viel Geld sparen können, wenn Sie sich für die Registrierung einer anderen Domain entscheiden. Die Wahrheit ist, dass dies völlig falsch ist. Sie können eine kostengünstige com-Domain registrieren.

Das Problem liegt in der Tatsache, dass es nur eine Website-Adresse mit einer com-Domain mit denselben Wörtern in derselben Reihenfolge geben kann, also müssen Sie kreativ werden.

Sie müssen einen einfach zu merkenden com-Domain-Namen erstellen. Wenn Sie zu viele Zahlen oder Bindestriche eingeben, können Benutzer sie falsch in ihren Browser eingeben.

Dies kann dazu führen, dass Personen anstelle von Ihnen zu Ihrer Konkurrenz geleitet werden.

Es werden ständig kreative Domainnamen gefunden. Auch Sie können das.

Wenn Sie eine com-Domain haben, müssen Sie sich keine Sorgen machen, die falsche Endung einzugeben. Tatsächlich haben viele Tastaturen auf Mobiltelefonen und Tablets jetzt eine com-Domain-Taste. Es gibt keine ».cm«- oder ».co«-Buttons, sondern nur .com-Buttons. Dies bedeutet, dass es sich bei weitem um die beliebteste Domain handelt und Geräte es den Menschen erleichtern, auf diese Websites zu gelangen.

Möglicherweise tun Sie sich selbst einen großen Schaden an, wenn Sie sich für eine andere Domain entscheiden.

Es spricht nichts dagegen, eine com-Domain zu bekommen. Es ist nicht nur die Go-to-Domain für die Vereinigten Staaten, sondern auch für den Rest der Welt.

Es gibt immer noch viele Domain-Kombinationen, die auf .com enden, sodass Sie keine Ausreden mehr haben, zu einer anderen Domain-Endung zu wechseln.

Ob Ihr Zielmarkt die USA oder die ganze Welt wird, hängt von einer com-Endung und Ihrer Fähigkeit ab, in den Suchmaschinen ganz oben zu ranken.

Lassen Sie sich nicht von anderen einreden, dass es keine Rolle spielt, welche Domainendung sie verwenden – es tut es.

und bieten eine globale Präsenz für Unternehmen, die sich auf ein internationales Publikum ausrichten möchten.

Kapitel 7: So wählst Du die richtige com-Domain

Wie nic.at festgestellt hat, wählen 76,4 % der Unternehmen den Domainnamen nach dem Firmennamen. Das ist eigentlich auch nicht weiter verwunderlich: Der eigene Firmenname ist logischerweise erste Wahl. Nur 21,8 % der Unternehmen ziehen generische Namen in Betracht. Hier zeigt sich, dass viele Firmen noch einen Beratungsbedarf haben: Das allgemeine Potential generischer Domainnamen und die Möglichkeit dadurch Traffic auf sich zu ziehen, ist von vielen noch nicht erkannt worden.

Verblüffend: Umgekehrt vorgehen

Du solltest bei Neugründungen den umgekehrten Weg gehen: Bei Firmengründungen sollte angesichts der Bedeutung von Marketing mittels Internet zunächst ein optimaler Domainnamen gefunden werden. Dann solltest du prüfen, ob der auf dem Domainnamen beruhende Firmenname im jeweiligen Land auf rechtliche Schwierigkeiten stößt.

Branchenübergreifend kann ich Dir einen Rat geben: Der Domainnamen -und daher auch der Firmenname - sollte leicht merkfähig sein, weil die Merkfähigkeit ein unschlagbarer Pluspunkt im Kampf um langfristige Aufmerksamkeit ist.

Die Merkfähigkeit kann mit dem Sinn des Begriffs, seiner evtl. Popularität, mit seiner Phonetik, mit den durch ihn ausgelösten Emotionen etc. zusammenhängen. Ein besonders wichtiger Aspekt: Kurz sollte der Domainnamen sein. Egal welche Vorteile der Klang oder Sinn des Begriffs darstellt, wenn er kurz ist, ist er besonders merkfähig.

An Listen denken

Dein Firmenname erscheint oft auf Listen, z.B. im Telefonbuch, auf Gelben Seiten, Linklisten usw. . Aus dieser Überlegung heraus kann man sich für einen Firmenamen entscheiden, der zum Beispiel mit "1" oder "A" beginnt. Dadurch ist die Wahrscheinlichkeit größer, dass bei Listen Dein Firmenname zuerst auftaucht.

Grundsätzlich: *Keine Bindestriche und Zahlen*

Verwende keine Bindestriche oder Zahlen in Deinem Domainnamen – es ist für Leute schwer, sich an Bindestriche oder Zahlen und deren Platzierung in einem Domainnamen zu erinnern, es sei denn, es geht um das Thema Deiner Website.

Manchmal musst du Bindestriche verwenden, weil der einfache Name weg ist. In diesem Fall ist es oft besser, sich einen völlig anderen Namen auszudenken.

Das Problem mit Bindestrichen besteht darin, dass Benutzer möglicherweise die falsche Webseite besuchen. Wenn Du versuchst, gourmetdogtreats.com zu registrieren, aber der Name bereits vergeben ist, kannst Du Dich stattdessen für die Registrierung von gourmet-dog-treats.com entscheiden. Aber du läufst Gefahr, dass Nutzer, die dich zu finden versuchen, indem sie eine Adresse in den Browser eingeben, nicht deine Adresse wählen, sondern die Adresse ohne Bindestrich. Das bedeutet, dass Du Umsatz verlierst, weil Deine Entscheidung bei der Auswahl der Domain nicht optimal gewesen ist. Versuche

stattdessen besser, einen Namen wie
homemadedogtreats.com zu registrieren.

Keine Regel ohne Ausnahme

Wenn Dir ein Domainnamen ohne Bindestrich
gehört, der aus zwei Wörtern besteht, solltest Du
auch den Domainnamen mit Bindestrich
registrieren. Andernfalls verlierst du Traffic, da ein
Teil der Verbraucher die Domain mit einem
Bindestrich in den Browser eintippt.

Worst Case: Ein Konkurrent registriert und nutzt
die Domain mit Bindestrichen und versucht
dadurch Deinen Kundenstamm für sich
auszubeuten.

Sei schnell

Wenn Dir nachts ein guter Domainname einfällt,
dann registriere ihn so schnell wie möglich.

Bei Domainnamen gilt: "Wer zuerst kommt, mahlt
zuerst!"

Ein Domainnamen zu registrieren, ist preiswert.
Deinen Wunschnamen einem Dritten abzukaufen,
kann sehr teuer werden - und es ist ärgerlich,

wenn Du die Registrierung selbst zuvor erwogen hast.

In der Kürze liegt die Würze

Halte Deinen Domainnamen kurz. Er sollte möglichst nur aus einem Wort bestehen. Je kürzer dein Domainnamen ist, desto merkfähiger ist er. Die Merkfähigkeit eines Domainnamens ist der Schlüssel zum erfolgreichen Marketing der Webseite des Domainnamens.

Neue Top Level Domains

Wenn Dein Domainnamen unter der De-Domain oder com-Domain vergeben ist, ist es oft besser eine andere Domainendung zu nehmen, als bei dem Namen Kompromisse zu machen, um krampfhaft einen Domainnamen unter der De-Domain oder com-Dom zu registrieren. Die Neuen Top Level Domains bieten Dir viele Alternativen an.

Viele Neue Top Level Domains sind "sprechende" Domains. Es ergeben sich dadurch ganz neue Möglichkeiten für das Marketing.

Wir zitieren Sedo.de mit einem möglichen Fall: "Denkbar wäre zum Beispiel, die Domain edgy.fashion zu registrieren und fortan einfach als edgy.fashion zu firmieren. Ein entsprechend geschickt designtes Logo für Flyer oder Online-Werbung würde dann gleichzeitig den Firmennamen und die Domain darstellen. Echte domainzentrierte Werbung."

Unfreiwillig komisch?

Auch ein witziges Wortspiel kann Dir beim Marketing helfen, aber dies ist ein gefährliches Terrain: "Unfreiwillig komisch" und "Lächerlich" sind mögliche Bewertungen für überanstrengte Bemühungen um Esprit. Es droht Dir auch die Gefahr nicht verstanden zu werden: ein "Insider Joke" ist keine Grundlage für einen Domainnamen und Firmennamen.

Dennis Hopper nannte einen seiner Firmen "At the Edge LLC", also "Am Abgrund GmbH". Wir wissen nicht, ob er sich mit dieser Firma um Bankkredite bemühte und wenn ja, ob er welche bekommen hat.

Beratung schadet nicht

Du solltest Dich nicht scheuen, Dich beraten zu lassen. Dein Registrar kennt den Domainmarkt besser als du und weiß besser, was alles möglich ist. Evt. ist der gewählte Name für deine Firma so gut, daß man sich nicht davor scheuen sollte, ihn anzukaufen, wenn er nicht mehr frei ist. Auch Deine Werbeagentur kann in der Regel gute Hinweise für einen Domainnamen geben. Dein Rechtsanwalt weiß meistens spontan, welchen Namen die Handelskammer nicht genehmigen wird.

Ein Gespräch mit der Handelskammer kann manchmal schon im Vorfeld bei zweifelhaften Namen klären, welcher Firmenname genehmigungsfähig ist und welcher nicht. Selbstverständlich kann der Firmenname evt. Zusätze tragen wie z.B. Gesellschaft für Marketing mit beschränkter Haftung, die seine Genehmigung evt erst ermöglichen, die aber im Domainnamen nicht auftauchen.

Markencheck

Du solltest bei der Wahl des
Domainnamen/Firmennamen auch einen
Markencheck durchzuführen. Ohne Markencheck
kann Deine Wahl des Firmennamens zu
Rechtsstreitigkeiten führen. Für Markenchecks
findest Du kostenloses Tools im Internet.

Kapitel 8: Wie man eine com-Domain registriert

Die Registrierung einer com-Domain ist ein einfacher Prozess, der von jedem durchgeführt werden kann, der eine Website betreiben oder eine Domain für sein Unternehmen oder seine Marke sichern möchte. Im folgenden Artikel wird der Prozess der Registrierung einer com-Domain in einfachen Schritten erklärt.

1. Überprüfen Sie die Verfügbarkeit der Domain

Der erste Schritt bei der Registrierung einer com-Domain ist die Überprüfung, ob die gewünschte Domain noch verfügbar ist. Es gibt viele Domain-Registrierungsseiten, die diesen Service anbieten. Die beste Möglichkeit ist ein unabhängiger WHOIS-Lookup, bei dem die Verfügbarkeit der gewünschten Domain überprüft werden kann.

Link:

https://centralops.net/co/

2. Wählen Sie einen Domain-Registrar

Nachdem Sie überprüft haben, ob die gewünschte Domain noch verfügbar ist, müssen Sie einen Domain-Registrar auswählen, der die Registrierung Ihrer com-Domain durchführt.

Link:

https://www.domainregistry.de/com-domains.html

3. Füllen Sie die notwendigen Informationen aus

Nachdem Sie sich für einen Registrar entschieden haben, müssen Sie ein Formular mit dem Namen der Domain und Ihren Daten ausfüllen. In der Regel müssen Sie Ihren Namen, Adresse, Ihre E-Mail-Adresse und Ihre Zahlungsinformationen angeben.

4. Bezahlen Sie für Ihre com-Domain

Sobald Sie Ihre Domain ausgewählt haben, müssen Sie die Registrierungsgebühr bezahlen. Die Gebühren variieren je nach Registrar und Dauer der Registrierung. Die meisten Registrare akzeptieren verschiedene Zahlungsmethoden, wie z.B. Kreditkarten, PayPal oder Überweisungen.

6. Konfigurieren Sie Ihre DNS-Einstellungen

Nachdem Sie Ihre com-Domain registriert und bezahlt haben, müssen Sie Ihre DNS-Einstellungen konfigurieren. Diese Einstellungen legen fest, wo Ihre Website gehostet wird und wie sie aufgerufen werden kann. Sie können Ihre DNS-Einstellungen in der Regel über das Kontrollzentrum Ihres Registrars bearbeiten.

7. Erstellen Sie Ihre Website

Sie können eine beliebige Webdesign-Plattform oder einen Content-Management-System (CMS) verwenden, um Ihre Website zu erstellen.

ICANN Registrar Secura bietet auch das Erstellen von Webseiten an, die auf Wordpress beruhen und nach dem einmaligen Erstellung durch einen Dritten von Ihnen kostengünstig weiterbearbeitet werden können (Kontakt: secura@domainregistry.de).

Insgesamt ist die Registrierung einer com-Domain ein einfacher Prozess, der in wenigen Schritten durchgeführt werden kann.

Die wichtigsten Schritte sind die Überprüfung der Verfügbarkeit der gewünschten Domain, die Auswahl eines Registrars, das Ausfüllen der notwendigen Informationen, das Auswählen und Bezahlen Ihrer Domain, das Konfigurieren Ihrer DNS-Einstellungen und das Erstellen Ihrer Website.

Kapitel 9: Best Practices für com-Domains

Wenn Sie eine com-Domain registriert haben, gibt es eine Reihe von Best Practices, die Sie befolgen sollten, um sicherzustellen, dass Ihre Website erfolgreich ist und die beste Leistung erzielt. In diesem Artikel werden einige der wichtigsten Best Practices für com-Domains erläutert.

1. Wählen Sie eine kurze und prägnante Domain

Ihre Domain ist der Name, den Ihre Benutzer eingeben, um auf Ihre Website zuzugreifen. Eine kurze und prägnante Domain ist in der Regel leichter zu merken und zu tippen als eine lange Domain. Versuchen Sie, eine Domain zu wählen, die leicht auszusprechen und zu merken ist. Vermeiden Sie lange und komplizierte Domainnamen.

2. Verwenden Sie ein Schlüsselwort im Domainnamen

Wenn Sie ein Schlüsselwort in Ihrem Domainnamen verwenden, können Sie das Ranking Ihrer Website in Suchmaschinen verbessern. Wenn Sie beispielsweise eine Website über Autoreparatur betreiben, kann die Verwendung des Schlüsselworts "Autoreparatur" in Ihrem Domainnamen dazu beitragen, dass Ihre Website höher in den Suchergebnissen erscheint.

3. Vermeiden Sie Bindestriche und Zahlen im Domainnamen

Bindestriche und Zahlen können dazu führen, dass Ihre Domain schwer zu merken und zu tippen ist. Vermeiden Sie daher die Verwendung von Bindestrichen und Zahlen in Ihrem Domainnamen, wenn dies möglich ist.

4. Registrieren Sie Ihre Domain für längere Zeit

Wenn Sie Ihre Domain für längere Zeit registrieren, können Sie Suchmaschinen signalisieren, dass Ihre Website eine langfristige Investition ist. Eine längere Registrierungsdauer kann sich auch positiv auf Ihr SEO-Ranking auswirken.

5. Schützen Sie Ihre Domain vor Diebstahl

Es ist wichtig, Ihre Domain vor Diebstahl zu schützen. Stellen Sie sicher, dass Sie ein sicheres Passwort für Ihr Domain-Registrierungskonto verwenden und dass Sie Ihre Domain vor unbefugtem Zugriff schützen.

6. Überwachen Sie Ihre Domain auf mögliche Probleme

Überwachen Sie regelmäßig Ihre Domain auf mögliche Probleme wie abgelaufene SSL-Zertifikate oder DNS-Probleme. Eine frühzeitige Erkennung von Problemen kann dazu beitragen, dass Ihre Website online bleibt und einen positiven Eindruck auf Ihre Benutzer hinterlässt.

7. Nutzen Sie die Vorteile von Subdomains

Sie können Subdomains nutzen, um verschiedene Teile Ihrer Website zu organisieren oder um eine mehrsprachige Website zu erstellen. Subdomains können auch dazu beitragen, Ihre Website in den Suchergebnissen besser zu strukturieren und zu präsentieren.

8. Erstellen Sie eine Sitemap

Eine Sitemap ist eine Übersicht über alle Seiten Ihrer Website. Eine Sitemap kann dazu beitragen, dass Suchmaschinen Ihre Website besser verstehen und indexieren können. Eine gut strukturierte Sitemap kann auch dazu beitragen, dass Benutzer Ihre Website schneller und einfacher navigieren können.

9. Vermeiden Sie Duplicate Content

Duplicate Content kann Ihre SEO-Rankings beeinträchtigen. Stellen Sie sicher, dass Ihre Inhalte einzigartig sind und dass Sie keine Inhalte von anderen Websites kopieren. Eine gute Möglichkeit

Kapitel 10: Herausforderungen im Zusammenhang mit com-Domains

Obwohl com-Domains sehr beliebt und weit verbreitet sind, gibt es auch eine Reihe von Herausforderungen, die im Zusammenhang mit ihnen auftreten können. In diesem Kapitel werden einige der wichtigsten Herausforderungen im Zusammenhang mit com-Domains erläutert.

1. Verfügbarkeit von Domainnamen

Da com-Domains sehr beliebt sind, kann es schwierig sein, einen geeigneten Domainnamen zu finden, der noch nicht registriert ist. Dies ist insbesondere dann der Fall, wenn Sie einen sehr kurzen oder prägnanten Domainnamen suchen. In einigen Fällen können Sie gezwungen sein, einen Domainnamen zu wählen, der nicht genau Ihren Wünschen entspricht.

2. Cybersquatting

Cybersquatting ist ein häufiges Problem im Zusammenhang mit com-Domains. Cybersquatter sind Personen oder Unternehmen, die Domainnamen mit dem Ziel registrieren, diese später zu verkaufen oder für betrügerische Zwecke zu verwenden.

Domaingrabber registrieren oft Domains von Firmen, die versehentlich ihre Domains nicht bezahlt haben.

ICANN Registrar Secura stellt alle Domains der Kunden auf Auto-Renewal, um solche Probleme auszuschließen.

Cybersquatting kann dazu führen, dass Unternehmen gezwungen sind, einen neuen Domainnamen zu registrieren und teure Rechtsstreitigkeiten zu führen, um ihre Domainnamen zurückzuerhalten.

3. Markenverletzungen

Ein weiteres Problem im Zusammenhang mit com-Domains ist die Möglichkeit von Markenverletzungen. Wenn ein Unternehmen einen Domainnamen verwendet, der einer bereits registrierten Marke ähnlich ist, kann dies zu rechtlichen Konsequenzen führen. Unternehmen sollten daher sicherstellen, dass sie keine

Markenrechte verletzen, wenn sie einen Domainnamen wählen.

Sie können über Google nach Seiten suchen, die Markenchecks durchführen.

4. Sicherheitsbedenken

Da com-Domains so weit verbreitet sind, können sie ein Ziel für Hacker und andere Cyberkriminelle sein. Es ist wichtig, dass Unternehmen ihre com-Domains vor Cyberangriffen schützen, indem sie starke Passwörter verwenden, SSL-Zertifikate installieren und regelmäßige Sicherheitsüberprüfungen durchführen.

5. Verwaltung von Domainnamen

Die Verwaltung von com-Domains kann eine Herausforderung sein, insbesondere wenn Unternehmen eine große Anzahl von Domains besitzen. Es ist wichtig, dass Unternehmen ihre Domainnamen sorgfältig verwalten, um sicherzustellen, dass sie nicht ablaufen oder versehentlich gelöscht werden. Unternehmen sollten auch sicherstellen, dass sie ihre

Domainnamen bei Bedarf aktualisieren oder
verlängern können.

6. Veränderungen in der Domainindustrie

Die Domainindustrie ist einem ständigen Wandel
unterworfen, was dazu führen kann, dass
Unternehmen Schwierigkeiten haben, mit den
neuesten Entwicklungen Schritt zu halten. Neue
Top-Level-Domains (TLDs) werden eingeführt,
Regeln und Vorschriften werden geändert und die
Art und Weise, wie Domainnamen registriert und
verwaltet werden, kann sich ändern. Unternehmen
sollten daher auf dem Laufenden bleiben und
sicherstellen, dass sie ihre Domainstrategie
regelmäßig überprüfen und aktualisieren.

Fazit

Obwohl com-Domains sehr beliebt sind, können
sie auch eine Reihe von Herausforderungen mit
sich bringen. Unternehmen sollten sich bewusst
sein, dass es schwierig sein kann, einen
geeigneten Domainnamen zu finden.

Kapitel 11: com-Domains und Sicherheit

Com-Domains sind seit langem die am häufigsten verwendete Top-Level-Domain im Internet und sind aufgrund ihrer Beliebtheit und Verbreitung auch häufig Ziel von Hackern und Cyberkriminellen. In diesem Artikel werden wir uns mit der Sicherheit von com-Domains beschäftigen und Tipps zu Best Practices geben, wie Unternehmen und Einzelpersonen ihre com-Domains vor Cyberangriffen schützen können.

Einer der größten Risikofaktoren für com-Domains ist die Verwendung von unsicheren Passwörtern. Viele Unternehmen und Einzelpersonen verwenden immer noch einfache Passwörter wie "123456" oder "password", die leicht von Hackern erraten werden können. Es ist daher von entscheidender Bedeutung, dass Unternehmen und Einzelpersonen bei der Registrierung einer com-Domain ein starkes und sicheres Passwort wählen. Idealerweise sollte das Passwort mindestens 8 Zeichen lang sein und Buchstaben, Zahlen und Sonderzeichen enthalten.

Ein weiterer wichtiger Faktor für die Sicherheit von com-Domains ist die Verwendung von SSL-

Zertifikaten. SSL (Secure Sockets Layer) ist ein Verschlüsselungsprotokoll, das es ermöglicht, Daten zwischen einem Webserver und einem Browser sicher zu übertragen. Unternehmen und Einzelpersonen sollten sicherstellen, dass ihre Websites über SSL-Zertifikate verfügen, um sicherzustellen, dass alle Daten sicher und verschlüsselt übertragen werden.

Phishing-Angriffe sind ebenfalls eine häufige Bedrohung für com-Domains. Phishing-Angriffe sind Cyberangriffe, bei denen Hacker gefälschte E-Mails oder Websites erstellen, um Benutzer dazu zu verleiten, vertrauliche Informationen wie Benutzernamen, Passwörter oder Kreditkartennummern preiszugeben. Unternehmen und Einzelpersonen sollten daher sicherstellen, dass sie über starke Anti-Phishing-Maßnahmen verfügen, wie z.B. die Verwendung von Anti-Phishing-Tools und die Schulung von Mitarbeitern in der Erkennung von Phishing-Angriffen.

Es ist auch wichtig, dass Unternehmen und Einzelpersonen regelmäßige Backups ihrer com-Domains durchführen. Backups sind eine wichtige Sicherheitsmaßnahme, da sie sicherstellen, dass wichtige Daten und Informationen im Falle eines Datenverlusts oder einer Beschädigung der Website wiederhergestellt werden können.

Schließlich sollten Unternehmen und Einzelpersonen sicherstellen, dass ihre com-Domains über die neuesten Sicherheitsupdates und Patches verfügen. Die meisten Hosting-Anbieter bieten automatische Sicherheitsupdates an, die sicherstellen, dass Websites über die neuesten Patches und Updates verfügen. Es ist jedoch wichtig, sicherzustellen, dass diese Updates regelmäßig durchgeführt werden, um sicherzustellen, dass die Website immer auf dem neuesten Stand ist.

Insgesamt ist es von entscheidender Bedeutung, dass Unternehmen und Einzelpersonen die Sicherheit ihrer com-Domains ernst nehmen und die notwendigen Maßnahmen ergreifen, um ihre Domains vor Cyberangriffen zu schützen.

Distributed Denial of Service (DDoS) ist ein Angriff, bei dem ein Server mit einer Flut von Traffic überwältigt wird, um die Website offline zu nehmen. Domaininhaber können einen DDoS-Schutz aktivieren, um ihre Website vor solchen

Angriffen zu schützen. DDoS-Schutzdienste überwachen den Traffic, der auf die Website zugreift, und blockieren Angriffe, um sicherzustellen, dass die Website online bleibt.

Domaininhaber sollten die oben genannten Maßnahmen ergreifen, um sicherzustellen, dass ihre Domain sicher ist. Es ist wichtig, die Sicherheit der Domain regelmäßig zu überwachen und sicherzustellen, dass alle Sicherheitsmaßnahmen aktuell sind.

Zahlreiche Provider waren im vergangenen Jahr von Distributed Denial of Service-Angriffen auf Nameserver betroffen.

Falls die Webseite Ihres Unternehmens noch nicht betroffen war - sie könnte die nächste sein, die zeitweise gezwungen wird vom Netz zu gehen.

Es lässt sich allerdings etwas tun, um die Sicherheit Ihrer Domains zu verbessern.

Was bedeuten Anycast-Nameserver?

Anycast ist eine Technologie, bei welcher die selbe IP-Adresse an mehreren geografischen Standorten gleichzeitig verfügbar ist. BGP, das globale Routing-Protokoll des Internet, sorgt dafür, dass Anfragen an die topologisch nachstgelegene Instanz geführt werden. Dadurch wird die Latenz bei der DNS-Abfrage verringert, und die Last verteilt sich auf die verschiedenen "Nodes" (Standorte).

Im Falle einer Attacke auf das Nameserver-Netzwerk ist immer nur die der Attacke "nächste" Instanz betroffen, so dass der Normalbetrieb auf den verbliebenen Knoten weiterlaufen kann. Durch die Aggregation der Knoten auf eine einzelne IP-Adresse spart ein anycast-Netzwerk im Vergleich zu mehreren Unicast-Instanzen auch "Platz" in den DNS-Paketen, da es nur als ein einzelner NS-Record in der Delegation auftaucht.

Das Anycast-Netzwerk besteht derzeit aus mehr als mehreren aktiven weltweit verteilten Standorten.

Mit Anycast Technologie sind weltweit verteilte Nameserver unter ein und derselben IP-Adresse erreichbar. Sobald ein Domainname abgefragt wird, antwortet die netz topologisch nächstgelegene Anycast Instanz. Diese Technologie bringt nicht nur kürzere

Antwortzeiten sondern auch eine bessere Lastverteilung mit sich.

Ein weiterer Vorteil: DOS Attacken befallen nur den Anycast Standort, der dem Angreifer am nächsten ist. Alle anderen Server sind nicht betroffen und antworten weiterhin auf DNS Anfragen.

Domains mit anycast-Nameserver sind nicht nur sicherer und schneller erreichbar, sondern erhalten auch tendenziell einer höheren Pagerank bei Google, da die Schnelligkeit beim Aufruf einer website in den Pagerank von Google miteinfliesst.

Normalerweise werden die Leistungen der Anycast-Nameserver per "queries" abgrechnet. Für den Kunden sind damit die Kosten der Anycast-Nameserver undurchschaubar und die Kosten nach oben offen.Die Fa. Secura bietet Anycast-Nameserver zu einem bescheidenen Fixkostenpreis an.

Links:

https://www.domainregistry.de/zertifikate.html

https://www.domainregistry.de/anycast-nameserver.html

Kapitel 12: Monitoring und Backorder von com-Domains

Falls die gewünschte De-Domain oder com-Domain von einem Dritten registriert worden ist, kann man auch einen Backorder-Auftrag erteilen.

Es kann allerdings sein, dass man viel Geduld braucht, um die gewünschte Domain zu erhalten.

Wer sich für eine Domain interessiert, die jemand anders gehört, aber eine bestimmte Domain haben will, kann bei der Secura GmbH den Monitoring-Service in Anspruch nehmen. Dieser Service ist zunächst völlig kostenfrei.

Secura überwacht die Domain als einen kostenlosen Service für den Kunden. Das erklärt auch den Erfolg dieses Angebotes. Kunden zahlen erst wenn die Domain erfolgreich neu registriert wird.

Folgende Domainarten kann man beispielsweise auch überwachen und catchen lassen:

- de-domains
- com-domains
- net-domains
- org-domains
- info-domains
- biz-domains
- us-domains

Eine "expired" domain ist noch eine aktive Domain. Durch die Einführung der "redemption period" bei vielen Domains haben Domaininhaber die Möglichkeit einen Monat nach der Löschung der Domain durch den Registrar eine Domain wieder zu bekommen.

Nur domains, die 'pending delete' sind, können kurzfristig registriert werden.

Domains werden Secura im Bruchteil einer Sekunde wieder registriert.

Secura ist einer der ersten ICANN akkredierten Registrare, die sich mit dem Registrieren gelöschter Domains beschäftigt haben.

Das Catchenlassen von Domains kann die Basis dafür bilden, in den Handel mit Domains einzusteigen.

Link:
https://www.domainregistry.de/monitor.html

Kapitel 13: Handel mit com-Domains

Es gab in der Geschichte viele teure com-Domainverkäufe. Hier sind einige der höchsten Preise, die jemals für com-Domains gezahlt wurden:

1. "Voice.com" wurde im Jahr 2019 für 30 Millionen US-Dollar verkauft.
2. "VacationRentals.com" wurde im Jahr 2007 für 35 Millionen US-Dollar verkauft.
3. "PrivateJet.com" wurde im Jahr 2012 für 30,18 Millionen US-Dollar verkauft.
4. "Internet.com" wurde im Jahr 2009 für 18 Millionen US-Dollar verkauft.
5. "Insure.com" wurde im Jahr 2009 für 16 Millionen US-Dollar verkauft.
6. "Fund.com" wurde im Jahr 2008 für 9,99 Millionen US-Dollar verkauft.
7. "Sex.com" wurde im Jahr 2010 für 13 Millionen US-Dollar verkauft.

Es ist jedoch wichtig zu beachten, dass diese hohen Preise aufgrund von besonderen Umständen wie einem intensiven Wettbewerb um die Domain, ihrer Einzigartigkeit oder der besonderen Bedeutung des Begriffs auf dem

Markt erzielt wurden. Die meisten Domains werden nicht zu solch hohen Preisen verkauft.

Dennoch bilden solche spektakuläre Verkäufe Motivation für viele, die in den Domainhandel eingestiegen sind.

Der Handel mit com-Domains hat in den letzten Jahren stark zugenommen und viele Menschen sehen darin eine Möglichkeit, Geld zu verdienen oder ihre Online-Präsenz zu erweitern.

In diesem Kapitel werden wir uns mit dem Handel von com-Domains beschäftigen und einige wichtige Faktoren beleuchten, die beim Kauf und Verkauf von Domains berücksichtigt werden sollten.

Zunächst einmal sollten potenzielle Käufer von com-Domains darauf achten, dass sie den Wert der Domain gründlich prüfen. Der Wert einer Domain hängt von verschiedenen Faktoren ab, wie z.B. der Länge und Einfachheit des Domainnamens, der Bedeutung des Wortes oder Begriffs in der Domain und der Verbreitung und Bekanntheit des Begriffs oder der Marke, die die Domain repräsentiert. Es ist ratsam, eine umfassende Recherche durchzuführen, um sicherzustellen, dass der Preis, der für die Domain gezahlt wird, angemessen ist.

Ein weiterer wichtiger Faktor beim Kauf und Verkauf von com-Domains ist die Transparenz.

Käufer sollten darauf achten, dass der Verkäufer alle relevanten Informationen zur Domain bereitstellt, einschließlich der Verkehrszahlen, der Backlinks und der historischen Daten der Domain.

Verkäufer sollten auch ehrlich und transparent über den Zustand der Domain sein, einschließlich etwaiger Probleme oder Beschwerden, die es in der Vergangenheit gegeben hat.

Es ist auch wichtig, die rechtlichen Aspekte beim Kauf und Verkauf von com-Domains zu berücksichtigen.

Bei einem Verkauf einer Domain ist es ratsam, einen schriftlichen Vertrag abzuschließen.

Link:

Kostenlose Muster für Domainverträge

https://domain-recht.de/domain-recht/domain-vertraege

Die Verwendung von Marken in Domainnamen kann ein komplexes Thema sein, das rechtliche Probleme nach sich ziehen kann. Es ist wichtig, sicherzustellen, dass die Domainnamen keine Markenrechte verletzen und dass alle notwendigen Genehmigungen und Freigaben vorliegen.

Sobald eine com-Domain erworben wurde, gibt es verschiedene Möglichkeiten, diese zu nutzen. Eine Möglichkeit besteht darin, die Domain für eine Website oder einen Blog zu verwenden, um die Online-Präsenz zu erweitern oder Traffic zu generieren. Eine andere Möglichkeit besteht darin, die Domain zu verkaufen oder zu vermieten, um Einkommen zu erzielen. Es ist wichtig, die richtige Strategie für die Domain zu wählen, um den maximalen Nutzen daraus zu ziehen.

Es gibt auch spezialisierte Domain-Marktplätze und Broker, die bei der Suche nach Käufern oder Verkäufern von com-Domains helfen können. Diese Plattformen bieten eine größere Reichweite und Sichtbarkeit für die Domain und können auch dabei helfen, den Preis und die Bedingungen für den Verkauf oder die Vermietung der Domain auszuhandeln.

Insgesamt kann der Handel mit com-Domains eine lukrative Möglichkeit sein, um Geld zu verdienen oder die Online-Präsenz zu erweitern. Es ist jedoch wichtig, sorgfältig zu recherchieren, transparent zu sein und die rechtlichen Aspekte zu berücksichtigen, um sicherzustellen, dass der Handel erfolgreich und legal ist.

Kapitel 14: IDN bei .com

ICANN geht davon aus, dass das Internet nicht nur für WASPs gemacht ist, d.h. nicht nur für White Anglo-Saxon Protestants, sondern für die ganze Weltbevölkerung, also auch für die nicht-englischsprachige Mehrheit der Weltbevölkerung. Das IDN-Programm soll helfen, Sprachbarrieren abzubauen, in dem auch die Domainnamen nicht-englisch werden.

Die Verwendung von Sonderzeichen innerhalb eines Domainnamens ist zwar unter vielen, bereits existierenden Domainendungen möglich. Die Domainendung rechts vom Punkt blieb auf auf lateinische Zeichen beschränkt. ICANN ändert das jetzt: auch die Domainendung kann aus Sonderzeichen einer Sprache bestehen.

Jetzt wird also auch die Zeichenkodierung der Domainendung zur Bewertung und Einordnung von Domains durch Suchmaschinen beitragen. Darüber hinaus ergibt sich aus der durchgängigen Zeichenkodierung ein verbessertes "Handling" bei der Eingabe des Domainnamens (kein Wechsel der Tastaturbelegung.)

Bei einem Engagement in Regionen und Märkten, in denen die Kommunikation im Wesentlichen auf nicht-lateinischen Schriftsystemen basiert, ist die Registrierungen von Firmen- und Produktnamen sowie Handelsmarken unter den passenden IDN-Domainendungen wie z.B. unter den IDN com-Domains ratsam.

1. Japanische .com

Domains mit Sonderzeichen oder IDN-Domains gibt es schon seit längerem, zum Beispiel Domains mit kyrillischen Schriftzeichen unter .com. Der entscheidende Unterschied zu den neuen IDN-Domains ist, daß die Sonderzeichen jetzt rechts vom Punkt stehen. Links vom Punkt stehen übrigens nicht zwangsweise Sonderzeichen, sondern können auch Namen in lateinischer Schrift stehen.

Verisign führt als erste com-Domain mit Sonderzeichen die com-Domain in japanischen Schriftzeichen ein.

Es ist davon auszugehen, daß ein beträchtlicher Teil der Domains von Japan in Zukunft com-Domains in japanischen Schriftzeichen sein werden, weil ein großer Teil der Japaner nicht Englisch versteht. Wer dieses Segment der japanischen Gesellschaft nicht außer Acht lassen will, muß Webseiten auf japanisch unter Domains anbieten, die links und rechts von dem Punkt auf japanisch sind.

Die com-Domain in japanischen Schriftzeichen heißt als Punycode xn--tckwe-Domain. Das DNS-System muß jede auf japanisch in den Browser eingegebene Domain in den lateinischen Punycode umsetzen, weil das DNS-System nur lateinisch versteht.

Die herkömmliche com-Domain besteht aus drei Schriftzeichen. Die com-Domain verdankt auch der Kürze ihren beispiellosen Erfolg. Die japanische com-Domain toppt die herkömmliche Domain noch einmal, da sie noch kürzer ist. Sie besteht aus zwei japanischen Schriftzeichen.

Link:

http://www.domainregistry.de/xn--tckwe-Domains.html

2. Koreanische .com und .net

Verisign führt nach den com-Domains mit japanischen Schriftzeichen die com-Domain und net-domain in koreanischen Schriftzeichen ein. Es ist davon auszugehen, daß ein beträchtlicher Teil der Domains in Korea in Zukunft com-Domains in koreanischen Schriftzeichen sein werden, weil ein Teil der Koreaner nicht Englisch versteht. Wer dieses Segment der koreanischen Gesellschaft nicht außer Acht lassen will, muß Webseiten auf koreanisch unter Domains anbieten, die links und rechts von dem Punkt auf koreanisch sind.

Die com-Domain in koreanischen Schriftzeichen heißt als Punycode xn--mk1bu44c-Domain. Das DNS-System muß jede auf koreanisch in den Browser eingegebene Domain in den lateinischen Punycode umsetzen, weil das DNS-System nur lateinisch versteht.

Die herkömmliche com-Domain besteht aus drei Schriftzeichen. Die com-Domain verdankt auch der Kürze ihren beispiellosen Erfolg. Die koreanische com-Domain toppt die herkömmliche Domain noch einmal, da sie noch kürzer ist. Sie besteht aus zwei koreanischen Schriftzeichen.

Link:

com-Domain

http://www.domainregistry.de/xn--mk1bu44c-domains.html

net-Domain

http://www.domainregistry.de/xn--t60b56a-domains.html

3. Hebräische .com

Die xn--9dbq2a-Domain ist die .com-Domain auf hebräisch.

Daß Verisign .com nicht nur in der chinesischen, japanischen und russischen Variante auf den Markt bringt, sondern auch auf hebräisch, kann man als Reverenz vor der jüdischen Kultur und Geschichte verstehen.

Link:
http://www.domainregistry.de/xn--9dbq2a-Domain.html

Kapitel 15: Com-Domain und Suchmaschinenoptimierung (SEO)

Die Verwendung einer com-Domain kann sich positiv auf die Suchmaschinenoptimierung (SEO) einer Website auswirken, da sie als vertrauenswürdig und glaubwürdig angesehen wird.

Zunächst einmal ist es wichtig zu verstehen, dass die Wahl der Domain-Endung allein nicht ausreicht, um eine gute SEO-Performance zu erzielen. Es gibt viele andere Faktoren, die berücksichtigt werden müssen, wie z.B. die Qualität des Inhalts, die Struktur der Website, die Ladezeiten, die Benutzerfreundlichkeit und die Backlinks.

Es ist ratsam, um ein Listen bei Google zu erreichen, sich bei den Webmaster Tools von Google anzumelden und dort die Sitemap der Webseite Google zu melden.

Dennoch kann die Verwendung einer com-Domain einen positiven Einfluss auf die SEO haben. Eine com-Domain wird oft als vertrauenswürdig und seriös angesehen, da sie von vielen etablierten

Unternehmen und Organisationen verwendet wird. Wenn ein Benutzer eine Website besucht, die eine com-Domain verwendet, kann dies sein Vertrauen in die Website erhöhen und ihn dazu ermutigen, auf der Website zu bleiben und möglicherweise sogar zu interagieren oder zu konvertieren.

Darüber hinaus kann die Verwendung einer com-Domain dazu beitragen, die Glaubwürdigkeit einer Website in den Augen von Suchmaschinen zu erhöhen. Wenn eine Website eine com-Domain verwendet, kann dies ein Signal dafür sein, dass es sich um eine etablierte und seriöse Website handelt, die eine gewisse Autorität in ihrer Nische hat. Dies kann dazu führen, dass die Suchmaschinen die Website höher bewerten und ihr mehr Gewicht in den Suchergebnissen geben.

Es ist jedoch wichtig zu beachten, dass die Verwendung einer com-Domain nicht allein ausreicht, um eine gute SEO-Performance zu erzielen. Eine gute SEO-Strategie erfordert eine sorgfältige Planung und Durchführung einer Vielzahl von Maßnahmen, wie z.B. die Optimierung der Inhalte und der Meta-Tags, die Verbesserung der Benutzererfahrung und die Steigerung der Backlinks. Es gibt auch andere

TLDs, wie z.B. ".org" oder ".edu", die in bestimmten Nischen als glaubwürdig und seriös angesehen werden können.

Abschließend lässt sich sagen, dass die Verwendung einer com-Domain ein Faktor sein kann, der zur SEO-Performance einer Website beiträgt, aber es ist wichtig zu beachten, dass sie allein nicht ausreicht, um eine gute Positionierung in den Suchergebnissen zu erreichen. Eine umfassende SEO-Strategie ist erforderlich, um die bestmöglichen Ergebnisse zu erzielen.

Kapitel 16: Zukunft von com-Domains

Com-Domains sind seit langem die beliebteste Top-Level-Domain im Internet und werden von Unternehmen und Einzelpersonen auf der ganzen Welt genutzt. Obwohl com-Domains seit vielen Jahren im Einsatz sind, gibt es eine Vielzahl von Faktoren, die die Verwendung und das Potenzial dieser Domains beeinflussen werden.

Eine der wichtigsten Faktoren, die die Zukunft von com-Domains beeinflussen wird, ist die Einführung neuer Top-Level-Domains (TLDs).

In den letzten Jahren wurden Hunderte von neuen TLDs eingeführt, darunter .app, .blog, .shop und viele andere. Diese neuen TLDs bieten Unternehmen und Einzelpersonen eine größere Auswahl an Domainnamen, die besser zu ihrer Marke oder ihrem Unternehmen passen können.

Wenn sich die Verwendung von neuen TLDs weiter verbreitet, könnte dies langfristig die Popularität von com-Domains beeinträchtigen.

Ein weiterer Faktor, der die Zukunft von com-Domains beeinflussen wird, ist die Zunahme der mobilen Internetnutzung. Immer mehr Menschen nutzen das Internet über mobile Geräte wie Smartphones und Tablets, was dazu führt, dass kürzere und einfachere Domainnamen bevorzugt werden. Obwohl com-Domains immer noch weit verbreitet sind, könnten Unternehmen und Einzelpersonen in Zukunft zu kürzeren oder prägnanteren Domainnamen wechseln, um ihre Online-Präsenz auf mobilen Geräten zu verbessern.

Die Sicherheit von com-Domains wird auch in Zukunft eine wichtige Rolle spielen. Aufgrund der weiten Verbreitung von com-Domains sind sie ein häufiges Ziel von Hackern und Cyberkriminellen. Es ist daher wichtig, dass Unternehmen und Einzelpersonen sicherheitsbewusst agieren und ihre com-Domains vor Cyberangriffen schützen. Es wird erwartet, dass in Zukunft verstärkt auf Sicherheitsmaßnahmen geachtet wird, um der Zunahme von Cyberkriminalität entgegenzuwirken.

Ein weiterer wichtiger Faktor, der die Zukunft von com-Domains beeinflussen wird, ist die zunehmende Bedeutung von SEO und Online-Marketing. Ein gut gewählter Domainname kann dazu beitragen, dass eine Website besser in den Suchergebnissen von Suchmaschinen erscheint und somit mehr Traffic und Umsatz generiert. Unternehmen und Einzelpersonen müssen daher bei der Wahl eines Domainnamens darauf achten, dass dieser nicht nur zu ihrem Unternehmen passt, sondern auch SEO-freundlich ist.

Insgesamt wird die Zukunft von com-Domains von einer Vielzahl von Faktoren beeinflusst, von der Einführung neuer TLDs bis hin zur Zunahme der mobilen Internetnutzung.

Trotz dieser Herausforderungen bleiben com-Domains jedoch ein wichtiger Bestandteil des Internets und werden voraussichtlich auch in Zukunft eine wichtige Rolle spielen. Unternehmen und Einzelpersonen sollten jedoch sicherstellen, dass sie sich über die neuesten Entwicklungen und Trends auf dem Laufenden halten, um sicherzustellen, dass ihre Online-Präsenz erfolgreich bleibt.

Impressum:
Bibliografische Information der Deutschen
Nationalbibliothek:
Die Deutsche Nationalbibliothek verzeichnet diese
Publikation in der Deutschen Nationalbibliografie;
detaillierte bibliografische Daten sind im Internet über
dnb.dnb.de abrufbar.

Copyright: © Hans-Peter Oswald

Herstellung und Verlag: BoD – Books on Demand,
Norderstedt

ISBN Nummer: 9783746081496

FSC
www.fsc.org

MIX
Papier aus verantwortungsvollen Quellen
Paper from responsible sources
FSC® C105338